Renate Sültz

Was tat Mutter!
Gesundheitstipps, praktische
Tipps im Haushalt und
Sparrezepte

BoD - Books on Demand

Norderstedt 2017

Bibliografische Information durch die
Deutsche Nationalbibliothek

Die Deutsche Nationalbibliothek
verzeichnet diese Publikation in der
Deutschen Nationalbibliografie; detaillierte
bibliografische Daten sind im Internet über
http://dnb.dnb.de abrufbar.

Herstellung und Verlag: BoD – Books on
Demand, Norderstedt

ISBN 9-78374-4-80123-2

Inhalt:

Was tat Mutter bei einer Ameisenplage?

Insekten sind normalerweise nützliche
Tiere, können aber schon mal die

Orientierung verlieren und sich an Stellen aufhalten, an denen es dem Menschen ein Graus ist. Ameisenplagen hat man im Sommer häufig, auch fliegende Ameisen. Besonders wenn es sehr warm und schwül ist. Jedoch eine Ameisenstraße, die um das Haus herum geht ist wohl der Gipfel. Da hört die Liebe zu den kleinen, flinken Arbeitern auf. Tja was tat Mutter wohl in dieser Situation? Sie bekam erst mal einen Wutanfall. Doch dann reagierte sie gelassen und erfahren. Da sie früher viel gebacken hatte, war immer genügend Backpulver im Schrank. Für eine Ameisenstraße benötigte sie viel davon. Dann schickte sie mich noch zum Tante Emma- Laden an der Ecke, um noch einige Päckchen zu kaufen. Jetzt konnte der Kampf losgehen. Mutter streute ringsherum das weiße Pulver, genau da wo die Ameisenstraße herging. Nach ein paar Tagen waren die Krabbler nicht mehr zu sehen.

Was tat Mutter, wenn sich Schnecken im Garten breit gemacht hatten?

Jeder hatte wohl schon mal Schnecken in seinem Garten. Das macht ja nichts, solange es nicht zur Plage wird. Dann fressen sie alles, was aus dem Boden wächst an. Die Nacktschnecken sind hungrig und kennen kein Erbarmen. Auch in dieser Situation wusste Mutter sich zu helfen. Sie nahm mehrere große Schalen und stellte sie zwischen die Blumen- und Gemüsebeete. Dann füllte sie die Schalen mit Bier auf. Bier ist für Nacktschnecken etwas sehr köstliches. Sie trinken davon so viel, dass sie anschließend betrunken in die gefüllte Schale fallen. Sie ertrinken. Einige Tage später ist die Plage vorbei, die Schalen sind voller Schnecken und so schnell kommt keine mehr in den Garten.

Was tat Mutter, wenn der Kühlschrank nicht mehr viel zu bieten hatte?

Meine Mutter musste oft mit wenigen Mitteln die Familie satt bekommen. Da mein Vater nicht viel verdiente, war das nicht immer einfach. Ein Gericht kann ich mich noch besonders gut erinnern. Ich mochte es sehr gerne:

Pellkartoffeln in Specksoße

Zutaten für drei Personen:

Kartoffeln (nicht zu weichkochende). Die Menge richtet sich nach dem Appetit der einzelnen Personen.

2 dicke Scheiben geräucherter Rückenspeck.

1. Zwiebel.

2 Esslöffel Mehl.

Pfeffer und Salz.

1/2 Bund frische Petersilie.

Zubereitung:

Den Speck in Würfel schneiden.

Ebenfalls die Zwiebel. Die Petersilie klein schneiden.

Den Speck mit etwas Butter in einer großen Pfanne braun werden lassen. Nun die Zwiebel dazugeben und alles zusammen knusprig braun werden lassen. Sehr schnell das Mehl einräumen bis es schäumt. Etwas Wasser angießen und mit Pfeffer und Salz würzen. Wenn die Soße sämig ist, die Petersilie dazugeben. Die Kartoffel pellen und in die Soße geben. Auf Tellern anrichten und mit einem frischen Salat servieren.

Auch Eierpfannkuchen gehörten zu diesen Sparrezepten

Zutaten:

500g Mehl.

6 Eier.

Salz.

Etwas kaltes Wasser.

Etwas Milch.

Zucker.

Puderzucker.

Pflaumenmus.

Pflanzenöl

Zubereitung:

Alle Zutaten mit dem Schneebesen zu einem geschmeidigen Pfannkuchenteig verarbeiten. Sollte er zu dick sein, noch etwas Milch dazugeben. Nach und nach die Pfannkuchen backen und mit Pflaumenmus und Puderzucker bestreichen. Aufrollen und servieren.

Und noch ein Sparrezept fällt mir ein.

Kartoffel-Käse-Porree-Auflauf

Zutaten für drei Personen:

5-6 gekochte Kartoffeln.

300 ml Sahne.

1 Päckchen gemischte Kräuter aus der Kühltruhe.

1 dicke Stange Porree.

Käse am Stück mittel alt.

Pfeffer, Salz, Paprikagewürz.

Sojasoße.

Zubereitung:

Die Kartoffeln weich kochen und abkühlen lassen. Die Stange Porree waschen und in kleine, dünne Ringe schneiden. Nun die gekochten Kartoffeln in Scheiben schneiden und in die vorher gut ausgebutterte Auflaufform geben. mit dem geschnittenen Porree mischen. Alles gut würzen mit Pfeffer, Salz, Paprikapulver und Sojasoße. Mit Sahne alles aufgießen und den Käse dick darüber reiben. Im Backofen bei 180 Grad garen. Der Auflauf ist fertig, wenn die Oberfläche des Käses schön braun geworden ist. Jetzt auf Tellern anrichten und mit süßem Obst servieren.

Was tat Mutter, wenn ich Verstopfung hatte?

Neben den anderen kleinen Zipperlein, gehört natürlich die Verstopfung auch dazu. Ich hatte als Kind hin und wieder das Problem, nicht zur Toilette gehen zu können. Mein Bauch schwoll dick an und schmerzte. Man sagt, dass einmal in der Woche ein Toilettengang ausreicht. Aber bei mir war es immer so, dass ich jeden Tag gehen konnte.

Dieses Thema ist genauso unappetitlich wie Durchfall, jedoch ernst zu nehmen. Ein Darmverschluss kann tödlich enden, wenn nicht sofort gehandelt wird. Für dieses Problem ließ meine Mutter sich in der Apotheke einen Tee mischen. Dieser bestand aus verschiedenen Sorten, die mir aber nicht mehr im Gedächtnis geblieben sind. Allerdings kann man nachfragen und gegebenenfalls auch auf eine fertige Teemischung zurückgreifen.

Als nächstes rieß Mutter zwei Äpfel ganz fein und mischte sie mit kleingehackten Nüssen unter feinen Haferflocken. Wem dies zu trocken ist, kann noch etwas Milch und Süßstoff dazugeben. Dies bekam ich jeden Morgen bevor ich zur Schule ging, bis mein Darm wieder gesund war. Übrigens helfen Äpfel bei Verstopfungen und bei Durchfall. Wer sie nicht gerieben mag, sollte täglich zwei Stück essen. Ob kleingeschnitten oder im Ganzen ist egal. Ich finde, dass die Natur unser bester Arzt ist und gegen viele Krankheiten das Richtige liefert. Ursprünglich war es wohl auch so gedacht.

Was tat Mutter, damit die Wäsche schön frisch und sauber wurde?

Als ich klein war, hatte meine Mutter noch keine Waschmaschine. In unserem Haus befand sich ein Waschraum im Keller. Dort stand ein riesiger Steinkessel mit einem ebenso riesigen Deckel. Dieser wurde mit Holz angeheizt bis das Wasser, das sich in ihm befand kochte. Nun wurde die weiße Wäsche hineingegeben. Flüssige Schmierseife und Soda sorgten für die nötige Bleiche. Der Deckel kam darauf und die Wäsche wurde solange gekocht bis sie sauber war. Dies kontrollierte meine Mutter mit einer langen Holzzange. Zwei weitere Wasserbecken wurden mit kaltem Wasser gefüllt. Mit der Zange füllte meine Mutter die Wäsche um.

In einem Behälter wurde die Wäsche gespült und in dem anderen Behälter noch einmal nachgespült. Eine kleine

Trockenschleuder galt damals schon als Luxus. Meine Mutter gab die sehr nasse Wäsche hinein und schleuderte sie, damit das meiste Wasser heraus kam. Die Wäsche war nun sauber und rein. Im Sommer hängte Mutter alles nach draußen auf die Leine und die Wäsche duftete noch frischer. Später dann kaufte sie sich eine Waschmaschine. Aber immer sagte sie, dass die Wäsche im Kochkessel sauberer wurde. und auch frischer roch. Ich vermute mal, dass sie Recht hatte.

Und noch ein Sparrezept von meiner Mutter mit wenigen Mitteln.

<u>Bauernpfanne für drei Personen</u>

Zutatenliste:

ca. 7 Kartoffeln.

1 Stück Salami.

2 Scheiben gekochter Schinken.

1 dicke Zwiebel.

1 Päckchen gemischte Kräuter.

3 Eier.

Pflanzenöl.

Pfeffer, Salz und Paprikagewürz.

Rote Beete.

Zubereitung:

Kartoffeln schälen und in Streifen schneiden.(Nicht zu dick schneiden).

Salami und Schinken ebenfalls in Streifen schneiden und die Zwiebel in Würfel. Öl in einer großen Pfanne erhitzen und alles hineingeben. Die Gewürze und Kräuter auch. Wenn alles schön braun gebraten ist und wenn die Kartoffeln weich sind, geben sie die Eier darauf. Alles stocken lassen. Nun können sie die Bauernpfanne servieren und mit Roter Beete servieren.

Was tat Mutter, wenn ich bei den Hausaufgaben mal einen Fehler machte?

Tintenkiller gab es damals noch nicht. Wie schön wäre das gewesen. Bei den Schulaufgaben war Schönschrift angesagt. Meine Mutter und die Lehrerin legten sehr großen Wert darauf. Die Verzweiflung war natürlich riesig, wenn in einem ansonsten ordentlich und korrekt geschriebenen Text, ein Fehler auftauchte.

Das durfte um Gottes Willen nicht sein. Da meine Mutter stets die Hausaufgaben kontrollierte, fiel ihr der Fehler sofort auf. Was konnte sie tun um möglichst unauffällig den Fehler zu beseitigen? Da wir nur mit Tintenfüller schreiben durften, war dies nicht einfach. Mutter ging und holte eine scharfe Rasierklinge aus dem Bad. Sie setzte eine scharfe Brille auf und schabte vorsichtig, indem sie die Klinge flach auflegte, über den Fehler. Dabei war Vorsicht geboten, denn die Gefahr sich zu verletzen war sehr hoch. Auch musste sie aufpassen, dass sie kein Loch ins Papier machte. Anschließend konnte ich darüber schreiben. Doch ich durfte nicht fest drücken, da das Papier aufgeraut war und die obere Schicht an dieser Stelle fehlte. Aber das Ergebnis konnte sich trotzdem sehen lassen.

Was tat Mutter, damit Schnittblumen lange hielten?

Ja, meine Mutter wusste in vielen Dingen Bescheid und konnte sich auch meistens bestens helfen. Wenn sie Geburtstag hatte, freute sie sich besonders, denn die Blumensträuße, die sie beschenkt bekam hielten immer besonders lange. Oft wurde sie gefragt, wie sie es denn machen würde, damit die Blumen so lange frisch bleiben? Dieses Geheimnis behielt Mutter doch lieber für sich. Jeden Tag bekam der Blumenstrauß frisches Wasser und die

Stielspitzen wurden ein klein wenig abgeschnitten. Außerdem gab sie jedes Mal in das frische Wasser eine halbe Aspirin hinein. Aber wenn die Blumen besonders lange halten sollten, sprühte sie die Blüten mit Haarspray ein.

Was tat Mutter, damit die strahlend weißen Gardienen immer strahlend weiß blieben?

Jeder von uns weiß, dass Backpulver ein Wundermittel sein kann, wenn es für die richtigen Dinge eingesetzt wird. Aber wir alle wissen auch, dass weiße Gardienen ein Aushängeschild für jeden Haushalt ist. Doch wenn sie etwas älter sind oder wenn auch noch in den Räumen geraucht wird, ist es sehr schwierig sie beim Waschen wieder richtig weiß zu bekommen. Auch da wusste meine Mutter sich gut zu helfen.

Zuerst weichte sie die Gardienen in der Badewanne ein. Dazu nahm sie etwas Soda. Nun wartete sie ein- zwei Stunden. In dieser Zeit wird schon der größte Schmutz aus dem Gewebe gezogen. Nun nahm sie den Store heraus, ließ ihn abtropfen und steckte ihn in die Waschmaschine. Zu der normalen Waschmittelmenge, gab sie noch zwei Tütchen Backpulver hinzu. Eine leuchtend-weiße Gardine kam zum Vorschein und oft hatte man den Eindruck, sie hätte sich schon wieder eine neue angeschafft.

Was tat Mutter, wenn der Kohleofen nicht angehen wollte?

Zum Glück haben wir heute keine Probleme mehr damit. Aber man kann nie wissen was noch kommt, wenn die Strom- und Gaspreise weiter so steigen. Eigentlich ist es ganz schön einfach an ein Rädchen zu drehen und schon ist es warm in allen

Räumen. Damals gab es noch keine Heizung bei meinen Eltern. Meine Mutter hatte einen Dauerbrandofen im Wohnzimmer, der oft nur mit gutem Zuspruch anging. Nun ja, sie gab stets ihr Bestes, damit wir es mollig warm hatte.

Zuerst reinigte sie das Aschenschoss, damit der Ofen von unten besser Luft bekam. Nun säuberte sie mit einem Handfeger den Innenraum. Kleines Ansteckholz war nicht immer da und es war auch damals nicht billig. Zippwürfel gab es schon gar nicht. Doch Mutter wusste sich immer zu helfen. Sie drehte sich kleine Würste aus Papier. Hinterher lag ein ganzer Haufen davon auf dem Boden. Das alte Zeitungspapier war so fest gedreht, dass es sich von selbst nicht mehr auseinanderlösen konnte. Nun brauchte sie viel Glück, damit der Ofen anging. Das gedrehte Papier wurde aufeinander gehäuft und mit Streichhölzern angezündet. Wenn es anfing zu brennen, legte sie sofort ein Brikett darauf. Wenn dieser anfing zu brennen, konnte sie ein paar Eierkohlen nachlegen. Das wiederholte sie so lange bis eine stabile Glut entstanden ist. Sie stellte den Ofen auf halbe Leistung und lehnte sich zufrieden zurück.

Und noch ein Gericht, wenn Mutter sparen musste.

Gebratene Fleischwurst mit Knoblauch, Salzkartoffeln und Salat nach Wahl

Zutatenliste:

1/2 Kringel Fleischwurst mit Knoblauch.

9 mittelgroße Kartoffeln.

1 Salat- Kopf nach Wahl.

Öl, Essig, Pfeffer, Salz, Zucker.

1/2 Bund Schnittlauch.

Paniermehl.

2 Eier.

Öl zum Braten.

Zubereitung:

Die Fleischwurst der Länge nach in drei
gleich große Scheiben schneiden. Nun die
Scheiben wie ein Schnitzel oder Kotelett
panieren. Erst mal zur Seite stellen. Die
Kartoffeln mit dem Sparschäler schälen
und in gesalzenem Wasser zum kochen
bringen. Auf kleiner Temperatur garen.
Nun die Salatsorte, die sie sich
ausgesucht haben, waschen und in einem
Sieb abtropfen lassen. Es ist nicht nötig,
den Salat akribisch trocken zu schleudern.

Aus Essig, Öl, gewürfelter Zwiebel, klein geschnittenem Schnittlauch, zwei Teelöffel Zucker, Pfeffer und Salz eine Salatsoße herstellen. Den Salat darauf geben und alles gut vermengen. Zum Schluss, die Fleischwurstscheiben von allen Seiten braun braten. Die Kartoffeln abgießen und alles auf Tellern anrichten.

Was tat Mutter, wenn der Strom ausfiel?

Ich gehe mal davon aus, dass früher öfter der Strom ausfiel, als heute. Nun ja, für diese Fälle hatte Mutter immer Kerzen und Zündhölzer griffbereit. Heute verfallen die Menschen in Hysterie, wenn sie plötzlich keinen Strom haben. Das ist nachvollziehbar, denn wichtige Daten, die im PC gespeichert sind können verloren gehen. Oder ein wichtiges Telefonat wird unterbrochen usw.. Leider bleibt dann auch die Kommunikation auf der Strecke. Viel haben sich die Menschen heute nicht mehr zu sagen. Sie brauchen es einfach nicht mehr. Handy und PC genügen da voll und ganz. Traurig aber war. Und wer denkt schon daran, sich Kerzen und Zündhölzer für den Notfall zurecht zu legen? Damals jedenfalls versammelten sich alle Familienmitglieder an einen Tisch und erzählten sich bei Kerzenlicht lustige Geschichten. Wir konnten geduldig warten.

Noch ein Sparrezept von meiner Mutter.

Zutaten für ca.3 Personen oder auch ein wenig mehr. Mutter hat immer so gekocht, dass für den anderen Tag noch was übrig war.

Weißkohleintopf mit Bauchfleisch

Zutatenliste:

1 kleiner Weißkohl.

soviel mehlig kochende Kartoffeln
nehmen, wie man braucht für einen
sämigen Gemüseeintopf. Hier richtet sich
die Menge der Kartoffeln auch nach der
Größe des Weißkohls.

3 Scheiben Schweinebauch.

1 dickere Scheibe geräucherter Rückenspeck.

1. Zwiebel.

Gemüsebrühe.

Pfeffer, Salz, Muskatnuss.

1/4 Stück Butter.

Zubereitung:

Die großen Blätter des Kohlkopfes entfernen. Nun den Kohl in Streifen schneiden und in einen großen Topf geben. Mit Gemüsebrühe und dem Bauchfleisch bedecken. Zum kochen bringen. Wenn das Gemüse und das Fleisch weich sind, den Topf zur Seite stellen. Das Bauchfleisch auf einen Teller legen und zur Seite stellen. Die Kartoffeln in einem anderen Topf weich kochen, stampfen und unter das Gemüse heben. Zum Schluss, den Speck und die Zwiebel in Würfel schneiden. In einer Pfanne die Butter schmelzen und zuerst den Speck glasig werden lassen. Nun die Zwiebelwürfel dazu geben und alles zusammen braun rösten. Den gesamten Inhalt der Pfanne mit dem Bratfett in das fertige Gemüse geben und gut unterheben. Noch mal alles mit Pfeffer, Salz und Muskat würzen, etwas ziehen lassen und das

Gemüse mit dem Bauchspeck auf Tellern anrichten.

Was tat Mutter, wenn mal der Kühlschrank ausfiel?

Erst sehr spät konnten sich meine Eltern einen Kühlschrank kaufen. Dafür musste lange gespart werden. Heute ist es normal, wenn auf Abzahlung gekauft wird. Das wäre für die Beiden nie in Frage gekommen. Da die Technik noch nicht so ausgereift war wie heute, viel auch schon mal der Kühlschrank aus. Da meine Mutter lange Zeit ohne auskommen musste, nahm sie es gelassen hin. Wurst, Fleisch, Käse, Brot und Reste vom Mittagessen legte sie vorsichtig in große Steingutbehälter mit Deckel. Diese stellte sie im Winter in den kältesten Raum der Wohnung. Unser Kohleofen konnte nur die große Wohnküche und das angrenzende, kleine Wohnzimmer warm halten. Somit kam dafür das Schlafzimmer in Frage. Im Sommer ging Mutter in die Waschküche, wo es angenehm kühl war. Dort stellte sie dann die Steingutbehälter auf. Die Lebensmittel waren stets frisch und hielten sich auch sehr lange. Ja, ja Mütterchen hatte fast immer eine Lösung parat.

Alle Tipps natürlich ohne Gewähr!

Danke für Ihr Interesse Renate Sültz